21 femmes extraordinaires

Les vies déterminantes de femmes scientifiques pionnières au XXe siècle (livre de biogaphies pour les jeunes, les adolescents et les adultes)

Par Student Press Books

Table des matières

Introduction

Rencontrez les femmes scientifiques les plus impressionnantes du XXe siècle — biographies pour les 12 ans et plus.

Bienvenue dans la série Émancipation des Femmes. Ce livre vous présente des femmes scientifiques du XXe siècle. Avec 21 Femmes de Génie, ce livre rassemble des biographies inspirantes de femmes scientifiques, intelligentes et déterminées, du monde entier.

Pouvez-vous donner le nom d'une femme de science du XXe siècle ? Réfléchissez bien. La plupart de ces femmes sont toujours en vie et en bonne santé — certaines travaillent toujours comme scientifiques. Pourtant, leurs noms sont loin d'être aussi connus que ceux de leurs homologues masculins, et on a bien peu écrit sur elles...

Ces esprits révolutionnaires méritent que leur histoire soit racontée, et ce livre vous aidera à mieux les comprendre tout en ouvrant vos jeunes esprits brillants aux plus grandes femmes scientifiques. Si vous croyez en l'émancipation des femmes, alors ce Livre des 21 Femmes de Génie est une lecture incontournable.

Plongez dans des histoires tirées des biographies vivantes de femmes scientifiques du XXe siècle ! Ces 21 femmes extraordinaires ont surmonté de nombreux obstacles avec détermination et résilience pour faire, contre toute attente d'énormes découvertes. Laissez ces vies incroyables parler dans votre cœur et partagez ces histoires avec d'autres !

Ce livre de la série Émancipation des Femmes recouvre :

- Des biographies fascinantes — Lisez les histoires de Stephanie Kwolek, Rachel Carson, Maria Goeppert Mayer, Rosalind Franklin, Rosalyn S. Yalow, Rita Levi-Montalcini, Chien-shiung Wu, Katherine Johnson, Florence Rena Sabin, Tu Youyou, Françoise Barré-Sinoussi, Margaret Hamilton, Emmy Noether, Valentina Tereshkova, Lynn Margulis, Margaret Mead, Cecilia Payne-Gaposchkin, Jocelyn Bell Burnell, Lise Meitner, Christiane Nüsslein-volhard et Peggy Whitson.
- Des portraits vivants — Redonnez vie à ces femmes formidables grâce à des photos ou des illustrations attrayantes.

À propos de la série : La **série Émancipation des Femmes** de Student Press Books présente des perspectives nouvelles sur l'**autonomisation des femmes** qui inciteront les jeunes lecteurs à réfléchir à leur place dans une société de plus en plus diversifiée. Qui sera votre prochaine source d'inspiration ?

21 Femmes de Génie va au-delà des autres livres de biographie sur l'émancipation féminine en mettant en lumière des sujets et des personnes du monde entier et de toutes les époques. Il fait également un excellent cadeau pour une fille, une sœur, une nièce ou une petite-fille.

Votre cadeau

Vous avez un livre dans les mains.

Ce n'est pas n'importe quel livre, c'est un livre de Student Press Books ! Nous écrivons sur les héros noirs, les femmes qui prennent le pouvoir, la mythologie, la philosophie, l'histoire et d'autres sujets intéressants !

Puisque vous avez acheté un livre, nous voulons que vous en ayez un autre gratuitement.

Tout ce dont vous avez besoin, c'est d'une adresse électronique et de la possibilité de vous abonner à notre newsletter (ce qui signifie que vous pouvez vous désabonner à tout moment).

Alors, qu'attendez-vous ? Inscrivez-vous dès aujourd'hui et recevez votre livre gratuit instantanément ! Tout ce que vous avez à faire est de visiter le lien ci-dessous et d'entrer votre adresse e-mail. Vous recevrez immédiatement le lien pour télécharger la version PDF du livre afin de pouvoir le lire hors ligne à tout moment.

Et ne vous inquiétez pas, il n'y a pas d'attrape ou de frais cachés, juste un bon vieux cadeau de notre part ici à Student Press Books.

Visitez ce lien dès maintenant et inscrivez-vous pour recevoir votre exemplaire gratuit de l'un de nos livres !

Lien : https://campsite.bio/studentpressbooks

Stephanie Kwolek (1923 - 2014)

Chimiste américaine surtout connue pour son rôle dans l'invention du Kevlar

"J'espère que je sauve des vies. Il y a très peu de personnes dans leur carrière qui ont l'opportunité de faire quelque chose au profit de l'humanité."

Stephanie Kwolek était une pionnière de la recherche sur les polymères. Ses travaux ont donné naissance au Kevlar, un matériau ultra-résistant et ultra-épais, surtout connu pour son utilisation dans les gilets pare-balles.

Stephanie Louise Kwolek est née le 31 juillet 1923 à New Kensington, en Pennsylvanie. Son père, ouvrier dans une fonderie, meurt lorsqu'elle a 10 ans, et sa mère l'élève seule avec son frère. En 1946, Kwolek obtient une licence en chimie au Carnegie Institute of Technology (aujourd'hui Carnegie Mellon University), à Pittsburgh, en Pennsylvanie.

Ayant l'intention de faire des études de médecine, Stephanie Kwolek a commencé à travailler comme chimiste de laboratoire dans le département de rayonne de la société DuPont à Buffalo, dans l'État de New York. DuPont avait introduit la matière plastique nylon juste avant la Seconde Guerre mondiale. Dans les années d'après-guerre, la société a repris ses activités sur le marché très concurrentiel des fibres synthétiques.

Stephanie Kwolek s'est ainsi engagée dans la recherche fondamentale dans un domaine nouveau et en pleine expansion. Par conséquent, Stephanie Kwolek n'a jamais quitté son emploi chez DuPont. Elle a rejoint le laboratoire de recherche pionnier de la société à Wilmington, dans le Delaware, en 1950.

Stephanie Kwolek est surtout connue pour ses travaux des années 1950 et 1960 sur les aramides, ou "polyamides aromatiques", un type de polymère qui peut être transformé en fibres solides, rigides et résistantes aux flammes. Ses travaux de laboratoire sur les aramides ont été menés sous la supervision de son collègue Paul W. Morgan.

Stephanie Kwolek a déterminé les solvants et les conditions propices à la production d'un composé que DuPont a commercialisé en 1961 sous la forme d'une fibre ignifuge appelée Nomex. Elle a ensuite étendu ses travaux à deux "polymères à cristaux liquides" - les premiers jamais préparés. À partir de ces deux polymères, des fibres ont été filées qui présentaient une rigidité et une résistance à la traction sans précédent. L'une d'entre elles a été commercialisée en 1971 sous le nom de Kevlar, une fibre utilisée dans les câbles de pneus à haute résistance, les coques de bateaux renforcées et d'autres pièces structurelles, ainsi que les gilets pare-balles légers.

Stephanie Kwolek a pris sa retraite de DuPont avec le grade d'associée de recherche en 1986. Ayant accumulé de nombreux brevets et prix au cours de sa carrière, Stephanie Kwolek a continué, à la retraite, à travailler comme consultante et conférencière. Elle est décédée le 18 juin 2014 à Wilmington, dans le Delaware.

Points forts

- DuPont avait introduit le nylon juste avant la Seconde Guerre mondiale et, dans les années d'après-guerre, l'entreprise a repris ses activités sur le marché hautement concurrentiel des fibres synthétiques.

- En 1950, DuPont a déménagé avec le Pioneering Research Laboratory de la société à Wilmington, dans le Delaware, et a pris sa retraite avec le grade d'associé de recherche en 1986.
- Mme Kwolek est surtout connue pour les travaux qu'elle a réalisés dans les années 1950 et 1960 sur les aramides, ou "polyamides aromatiques", un type de polymère qui peut être transformé en fibres solides, rigides et résistantes aux flammes.
- Ses travaux de laboratoire sur les aramides ont été menés sous la supervision d'un chercheur, Paul W. Morgan, qui a calculé que les aramides formeraient des fibres rigides en raison de la présence de cycles benzéniques (ou "aromatiques") volumineux dans leurs chaînes moléculaires, mais qu'ils devraient être préparés à partir d'une solution car ils ne fondent qu'à des températures très élevées.

Questions de recherche

---

1. Quel est le projet de recherche le plus intéressant auquel vous avez participé ou contribué ?
2. Quelle est votre découverte scientifique préférée de tous les temps, et pourquoi pensez-vous qu'elle pourrait être si influente ou avoir un si grand impact sur la société en général ?

Rachel Carson (1907 - 1964)

Biologiste marin et écrivain américain spécialiste de la nature

"Une façon d'ouvrir les yeux est de se demander : "Et si je n'avais jamais vu ça avant ? Et si je savais que je ne le verrais plus jamais ?"

S'inspirant de sa fascination d'enfant pour la faune et la mer, la biologiste américaine Rachel Carson est devenue un écrivain scientifique dont les œuvres séduisent un large éventail de lecteurs. Son livre enchanteur The Sea Around Us, publié en 1951, a été un best-seller et a remporté le National Book Award.

L'ouvrage prophétique de Rachel Carson, Printemps silencieux (1962), sur les dangers des pesticides dans la chaîne alimentaire, a suscité une prise de conscience mondiale des dangers de la pollution.

Rachel Louise Carson est née le 27 mai 1907 à Springdale, en Pennsylvanie. Elle a fait ses études de premier cycle au Pennsylvania College for Women, où elle a obtenu son B.A. en 1929. Elle a ensuite obtenu une maîtrise à l'université Johns Hopkins en 1932.

De 1931 à 1936, elle enseigne la zoologie à l'université du Maryland. Au cours de cette période, Carson a également enseigné à l'école d'été de Johns Hopkins et a étudié au laboratoire de biologie marine de Woods Hole, dans le Massachusetts.

Rachel Carson a accepté en 1936 un poste de biologiste aquatique au sein du United States Bureau of Fisheries (appelé à partir de 1940 le U.S. Fish and Wildlife Service). Elle occupera ce poste gouvernemental pendant les 16 années suivantes. De 1949 à 1952, elle est rédactrice en chef des publications du Fish and Wildlife Service. À cette époque, Carson était déjà largement connue en tant qu'écrivain scientifique.

Les trois premiers livres de Rachel Carson portaient sur la vie marine : Under the Sea-Wind (1941), The Sea Around Us et The Edge of the Sea (1955) témoignent du remarquable talent de Rachel Carson pour allier l'observation scientifique à des descriptions en prose élégantes et lyriques.

Après la publication de The Edge of the Sea, Rachel Carson a passé la majeure partie des cinq années suivantes à effectuer des recherches pour Silent Spring. Ce livre, qui décrit en détail les effets nocifs de pesticides tels que le DDT sur l'environnement, et en particulier sur la faune, est devenu son deuxième best-seller et est considéré aujourd'hui comme un ouvrage de référence dans l'histoire du mouvement environnemental moderne. Elle est décédée le 14 avril 1964.

Points forts

- Rachel Carson a développé très tôt un intérêt profond pour le monde naturel.

- Elle entre au Pennsylvania College for Women avec l'intention de devenir écrivain, mais change rapidement de domaine d'étude, passant de l'anglais à la biologie.
- Un article paru dans The Atlantic Monthly en 1937 a servi de base à son premier livre, Under the Sea-Wind, publié en 1941. The Sea Around Us (1951) est devenu un best-seller national, a remporté un National Book Award et a finalement été traduit en 30 langues.
- La perspective du mouvement environnemental des années 1960 et du début des années 1970 était généralement pessimiste, reflétant un sentiment omniprésent de "malaise de la civilisation" et la conviction que les perspectives à long terme de la Terre étaient sombres.

Questions de recherche

---

1. Que voudriez-vous que tout le monde sache sur les femmes dans les sciences ?
2. Comment le monde a-t-il réagi à votre (futur) choix de carrière ?
3. Pourquoi de nombreuses femmes scientifiques du 20e siècle n'ont-elles pas été considérées comme (très) influentes ?

Maria Goeppert Mayer (1906 - 1972)

Physicien théoricien américain d'origine allemande et lauréat du prix Nobel 1963

"Gagner le prix n'était pas aussi excitant que de faire le travail lui-même."

La physicienne américaine d'origine allemande Maria Goeppert Mayer était une autorité en matière de physique nucléaire. Elle a remporté le prix Nobel de physique 1963 avec J. Hans D. Jensen et Eugene P. Wigner. Mayer et Jensen ont reçu leur part du prix pour leur explication de la structure et des propriétés des noyaux atomiques.

Maria Goeppert est née à Kattowitz, en Allemagne (aujourd'hui Katowice, en Pologne), le 28 juin 1906. Son père était professeur de pédiatrie à l'université de Göttingen, en Allemagne. Mayer a étudié la physique théorique dans cette université sous la direction de Max Born et a obtenu un doctorat en 1930. La même année, elle épouse Joseph E. Mayer, un physicien chimiste américain, et ils s'installent aux États-Unis pour enseigner à l'université Johns Hopkins, à Baltimore, dans le Maryland. Maria Goeppert Mayer obtient la nationalité américaine en 1933.

En 1939, Maria Goeppert Mayer commence à enseigner à l'université Columbia, à New York. À Columbia, elle travaille sur la séparation des isotopes d'uranium pour la bombe atomique dans le cadre du projet Manhattan. Mayer donne également des cours au Sarah Lawrence College, à Bronxville, New York, de 1942 à 1945. En 1945, elle poursuit ses recherches dans l'Illinois, à l'Institut d'études nucléaires de l'université de Chicago et au laboratoire national d'Argonne, situé à proximité.

En 1949, Maria Goeppert Mayer a expliqué la grande abondance et la stabilité des noyaux qui ont un nombre particulier de protons et de neutrons par le modèle nucléaire dit de la coquille. Selon ce modèle, le noyau de l'atome est constitué de plusieurs coquilles, ou couches sphériques, chacune remplie de protons et de neutrons.

Une théorie similaire a été développée à la même époque en Allemagne par Jensen. Mayer et Jensen ont décrit leur modèle dans Elementary Theory of Nuclear Shell Structure (1955), qu'ils ont coécrit. En 1960, Maria Goeppert Mayer et son mari déménagent à l'Université de Californie à San Diego. Maria Goeppert est décédée à San Diego le 20 février 1972.

Points forts

- Maria Goeppert a étudié la physique à l'université de Göttingen (doctorat, 1930) sous la direction d'un comité composé de trois lauréats du prix Nobel.
- En 1930, elle épouse le physicien chimiste américain Joseph E. Mayer, qu'elle accompagne peu après à l'université Johns Hopkins de Baltimore, dans le Maryland.
- En 1939, elle et son mari ont tous deux été nommés en chimie à l'université de Columbia, où Maria Mayer a travaillé sur la séparation des isotopes d'uranium pour le projet de bombe atomique.

- Maria Goeppert a reçu une nomination régulière en tant que professeur titulaire en 1959.

Questions de recherche

---

1. Quelles sont les solutions pratiques pour surmonter ces obstacles que rencontrent les femmes dans leur parcours pour devenir scientifique ou physicienne ?
2. À votre avis, quel a été l'un des moments les plus marquants de sa vie (par exemple, une découverte qu'elle a faite) ?
3. Connaissez-vous des histoires de femmes éminentes qui vous ont inspiré ou aidé à traverser une période difficile, que ce soit dans le domaine des sciences ou en dehors ?

Rosalind Franklin (1920 - 1958)

Chimiste et cristallographe à rayons X anglais

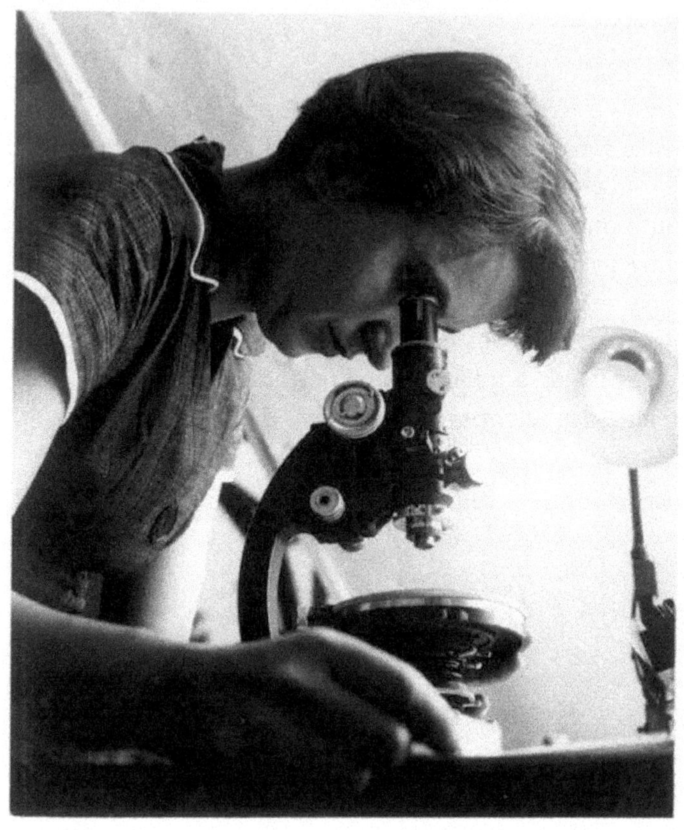

"La science et la vie quotidienne ne peuvent et ne doivent pas être séparées."

Biophysicienne britannique, Rosalind Franklin est surtout connue pour ses contributions à la découverte de la structure moléculaire de l'acide désoxyribonucléique (ADN). L'ADN est la principale substance composant les chromosomes et les gènes, le matériel héréditaire.

Lorsque Francis Crick, James Watson et Maurice Wilkins ont reçu le prix Nobel de physiologie ou de médecine en 1962 pour avoir déterminé la structure de la molécule d'ADN, de nombreux scientifiques ont estimé que Rosalind Franklin aurait dû être honorée à leurs côtés.

Née à Londres le 25 juillet 1920, Rosalind Elsie Franklin a obtenu une bourse d'études au Newnham College, à Cambridge. Après avoir obtenu son diplôme en 1941, elle entame des recherches sur la structure physique des charbons et des charbons carbonisés. Travaillant à Paris de 1947 à 1950, elle acquiert des compétences dans l'utilisation de la diffraction des rayons X comme technique analytique. (La diffraction des rayons X est une méthode d'analyse de la structure cristalline des matériaux en faisant passer des rayons X à travers eux et en observant l'image de diffraction, ou de diffusion, des rayons).

Rosalind Franklin a utilisé cette technique pour décrire la structure des carbones avec plus de précision qu'il n'avait été possible auparavant. Elle a également déterminé qu'il existe deux catégories distinctes de carbones : ceux qui forment du graphite lorsqu'ils sont chauffés à haute température et ceux qui n'en forment pas.

En 1951, Rosalind Franklin rejoint l'unité de biophysique du King's College Medical Research Council. Avec Raymond Gosling, elle mène des études de diffraction des rayons X sur la structure moléculaire de l'ADN. Sur la base de ces études, elle conclut d'abord que la structure est hélicoïdale (avec des bras en spirale).

Des recherches ultérieures ont fait changer Franklin d'avis, et c'est à Watson et Crick qu'il a incombé de développer le modèle à double hélice de la molécule, qui s'est avéré compatible avec les propriétés connues de l'ADN. Toutefois, certaines des données utilisées par ces scientifiques pour mener à bien leurs travaux ont d'abord été produites par Rosalind Franklin.

De 1953 à sa mort, le 16 avril 1958, Rosalind Franklin a travaillé au laboratoire de cristallographie du Birkbeck College, à Londres. Elle y a publié ses travaux antérieurs sur les charbons et a contribué à déterminer la structure du virus de la mosaïque du tabac.

Points forts

- Rosalind Franklin a fréquenté la St. Paul's Girls' School avant d'étudier la chimie physique au Newnham College de l'université de Cambridge.
- Après avoir obtenu son diplôme en 1941, elle a reçu une bourse pour mener des recherches en chimie physique à Cambridge.
- Lorsqu'elle a commencé ses recherches au King's College, on savait très peu de choses sur la composition chimique ou la structure de l'ADN.
- Ses travaux visant à rendre plus clairs les clichés radiographiques des molécules d'ADN ont permis à James Watson et Francis Crick de suggérer en 1953 que la structure de l'ADN est un polymère à double hélice, une spirale constituée de deux brins d'ADN enroulés l'un autour de l'autre.

Questions de recherche

---

1. Que pensez-vous de la contribution de Franklin à la science ?
2. Qui serait la deuxième sur votre liste de femmes scientifiques célèbres ?
3. La société devrait-elle accueillir davantage de femmes scientifiques à l'avenir ?

Rosalyn S. Yalow (1921 - 2011)

Physicienne médicale américaine, deuxième femme à avoir reçu le prix Nobel de médecine.

"Nous devons croire en nous-mêmes car personne d'autre ne croira en nous, nous devons faire correspondre nos attentes avec la compétence, le courage et la détermination à réussir."

Rosalyn Sussman Yalow a reçu conjointement le prix Nobel de physiologie ou de médecine en 1977. Elle a reçu ce prix pour avoir mis au point le dosage radio-immunologique (RIA), une technique permettant de mesurer les niveaux d'insuline (une hormone qui régule le taux de sucre, ou glucose, dans le sang) et d'autres substances dans l'organisme. Les deux autres lauréats de 1977 étaient Andrew V. Schally et Roger Guillemin.

Rosalyn Sussman Yalow est née le 19 juillet 1921 à New York, New York. Yalow est diplômée du Hunter College de la City University of New York en 1941 et quatre ans plus tard, elle obtient un doctorat en physique de l'Université de l'Illinois. De 1946 à 1950, Yalow donne des cours de physique au Hunter College et, en 1947, elle devient consultante en physique nucléaire au Bronx Veterans Administration Medical Center (aujourd'hui James J. Peters VA Medical Center). De 1950 à 1970, elle y est physicienne et chef adjoint du service des radio-isotopes. En 1970, elle est nommée chef du laboratoire.

Avec un collègue, le médecin américain Solomon A. Berson, Rosalyn Sussman Yalow a commencé à utiliser des isotopes radioactifs pour examiner et diagnostiquer diverses maladies. Les recherches de Yalow et Berson sur le diabète de type II (voir diabète sucré) ont conduit au développement de l'IRA.

Dans les années 1950, on savait que les personnes diabétiques traitées par des injections d'insuline animale développaient une résistance à cette hormone. Cette résistance signifiait que ces personnes avaient besoin de plus grandes quantités d'insuline pour compenser les effets de la maladie. Cependant, les chercheurs ne savaient pas pourquoi.

Rosalyn Sussman Yalow et Berson ont émis l'hypothèse que l'insuline étrangère stimulait la production d'anticorps (protéines protectrices produites par le système immunitaire qui débarrassent l'organisme des antigènes, ou substances étrangères). Ces anticorps se sont liés à l'insuline et ont empêché l'hormone de pénétrer dans les cellules et de remplir sa fonction de métabolisation du glucose.

Afin de prouver leur hypothèse, Yalow et Berson ont combiné des techniques d'immunologie et de traçage par radio-isotopes pour mesurer des quantités infimes de ces anticorps, créant ainsi la RIA. Il est rapidement apparu que la méthode RIA pouvait être utilisée pour mesurer des centaines d'autres substances biologiquement actives, telles que des virus, des médicaments et d'autres protéines.

Rosalyn Sussman Yalow est restée à New York pour le reste de sa carrière, où elle est devenue professeur émérite dans deux écoles de médecine différentes. En 1976, elle a été la première femme à recevoir le prix Albert

Lasker pour la recherche médicale fondamentale, et en 1988, elle a reçu la médaille nationale de la science. Elle est décédée le 30 mai 2011 à New York.

Points forts

- Rosalyn S. Yalow est diplômée avec mention du Hunter College de la City University of New York en 1941 et quatre ans plus tard, elle obtient son doctorat en physique à l'université de l'Illinois.
- De 1946 à 1950, elle donne des cours de physique à Hunter et, en 1947, elle devient consultante en physique nucléaire au Bronx Veterans Administration Hospital, où, de 1950 à 1970, elle est physicienne et chef adjoint du service des radio-isotopes.
- Avec un collègue, le médecin américain Solomon A. Berson, Yalow commence à utiliser des isotopes radioactifs pour examiner et diagnostiquer diverses maladies.
- Les recherches de Yalow et Berson sur le mécanisme sous-jacent au diabète de type II ont conduit à la mise au point de l'IRA.
- En 1976, elle a été la première femme à recevoir le prix Albert Lasker pour la recherche médicale fondamentale.

Questions de recherche

---

1. Quels sont les obstacles professionnels auxquels ces femmes ont dû faire face ?
2. Le fait d'aller à l'école a-t-il fait une différence en ce qui concerne les sujets que vous avez écoutés plus attentivement que d'autres, ou les faits que vous avez retenus plus longtemps ?

Rita Levi-Montalcini (1909 - 2012)

Lauréate italienne du prix Nobel, honorée pour ses travaux en neurobiologie

"Avant tout, n'ayez pas peur des moments difficiles. C'est d'eux que vient le meilleur"

La neurologue Rita Levi-Montalcini a partagé avec le biochimiste Stanley Cohen le prix Nobel de physiologie ou de médecine en 1986 pour sa découverte d'une substance corporelle qui stimule et influence la croissance des cellules nerveuses. Levi-Montalcini possédait la double nationalité italienne et américaine.

Rita Levi-Montalcini est née le 22 avril 1909 à Turin, en Italie. Elle a étudié la médecine à l'université de Turin et y a fait des recherches sur les effets des tissus périphériques sur la croissance des cellules nerveuses. Forcée de se cacher à Florence pendant l'occupation allemande de l'Italie (1943-45) en raison de son ascendance juive, Levi-Montalcini n'a pu reprendre ses recherches à Turin qu'après la guerre.

En 1947, Rita Levi-Montalcini accepte un poste à la Washington University, à St. Louis, dans le Missouri, auprès du zoologiste Viktor Hamburger, qui étudie la croissance du tissu nerveux chez les embryons de poussins.

En 1948, le laboratoire de Hamburger a découvert qu'une variété de tumeur de souris stimulait la croissance nerveuse lorsqu'elle était implantée dans des embryons de poussins. Levi-Montalcini et Hamburger attribuent cet effet à une substance présente dans la tumeur qu'ils nomment facteur de croissance nerveuse (NGF).

Rita Levi-Montalcini a ensuite montré que la tumeur provoquait une croissance cellulaire similaire dans une culture de tissu nerveux maintenue en vie en laboratoire, et Stanley Cohen, qui l'avait alors rejointe à l'université de Washington, a pu isoler le NGF de la tumeur. Le NGF a été le premier des nombreux facteurs de croissance cellulaire à être découvert dans le corps des animaux. Il joue un rôle important dans la croissance des cellules et des fibres nerveuses dans le système nerveux périphérique.

Rita Levi-Montalcini est restée active dans ce domaine, travaillant à l'université de Washington jusqu'en 1961, puis à l'Institut de biologie cellulaire de Rome, en Italie. En 1987, Rita Levi-Montalcini a reçu la médaille nationale des sciences et un ouvrage autobiographique, In Praise of Imperfection, a été publié en 1988. En 2001, le premier ministre italien Carlo Azeglio Ciampi a nommé Levi-Montalcini sénateur à vie pour ses contributions exceptionnelles à la science. Elle est décédée le 30 décembre 2012 à Rome.

Points forts

- Levi-Montalcini a étudié la médecine à l'université de Turin et y a effectué des recherches sur les effets des tissus périphériques sur la croissance des cellules nerveuses.
- En 1947, elle accepte un poste à la Washington University, à St. Louis, dans le Missouri, auprès du zoologiste Viktor Hamburger, qui étudie la croissance du tissu nerveux chez les embryons de poussins.

- En 1948, le laboratoire de Hamburger a découvert qu'une variété de tumeur de souris stimulait la croissance nerveuse lorsqu'elle était implantée dans des embryons de poussins.
- Levi-Montalcini et Hamburger ont attribué cet effet à une substance présente dans la tumeur qu'ils ont nommée facteur de croissance des nerfs (NGF).

Questions de recherche

---

1. Quelles sont ses contributions scientifiques et inventions les plus importantes ?
2. Comment les femmes ont-elles fait progresser la science et la médecine ?
3. Quel était le nom du conjoint/partenaire de votre scientifique préféré ?

Chien-Shiung Wu (1912 - 1997)

Physicien des particules et physicien expérimental sino-américain

"Il n'y a qu'une seule chose de pire que de rentrer du labo et de retrouver un évier plein de vaisselle sale, c'est de ne pas aller au labo du tout !".

Le physicien d'origine chinoise Chien-shiung Wu a fourni la première preuve expérimentale que le principe de conservation de la parité ne s'applique pas aux interactions subatomiques faibles.

Chien-shiung Wu est née le 31 mai 1912 à Liuho, dans la province de Jiangsu. Elle s'est rendue aux États-Unis en 1936 pour étudier à l'université de Californie à Berkeley.

Après avoir obtenu son doctorat en 1940, Wu a enseigné au Smith College, à Northampton, dans le Massachusetts, et à l'université de Princeton, dans le

New Jersey. En 1944, elle a travaillé sur la détection des radiations à la division de la recherche sur la guerre de l'université Columbia, à New York, et est devenue professeur de physique en 1957.

Après le début des années 1930, la conservation de la parité, ou symétrie, est devenue une théorie fondamentale de la mécanique quantique. En 1956, les physiciens théoriciens Tsung-Dao Lee et Chen Ning Yang ont proposé que la parité ne soit pas conservée pour l'une des trois interactions nucléaires de base - les interactions faibles, qui régissent la désintégration radioactive.

En 1957, Chien-shiung Wu leur a donné raison en montrant que les particules bêta émises par les atomes de cobalt 60 ont une direction privilégiée. En 1963, Wu et d'autres ont confirmé la conservation du courant vectoriel dans la désintégration bêta nucléaire. Wu a également étudié la structure de l'hémoglobine. Elle a reçu la médaille nationale des sciences en 1975 et a été présidente de l'American Physical Society en 1975. Chien-shiung Wu est décédée à New York le 16 février 1997.

Points forts

- Chien-Shiung Wu a obtenu son diplôme de l'Université centrale nationale de Nankin, en Chine, en 1936, puis s'est rendu aux États-Unis pour poursuivre des études supérieures en physique à l'Université de Californie à Berkeley, sous la direction d'Ernest O. Lawrence.
- Après avoir obtenu un doctorat en 1940, Wu a enseigné au Smith College et à l'université de Princeton.
- En 1944, elle entreprend des travaux sur la détection des radiations à la Division of War Research de l'Université de Columbia.
- Elle a observé qu'il existe une direction d'émission préférée et que, par conséquent, la parité n'est pas conservée pour cette interaction faible.
- Wu, qui a reçu la médaille nationale de la science en 1975 et a été président de l'American Physical Society cette même année, était considéré comme l'un des meilleurs physiciens expérimentaux du monde.

Questions de recherche

1. Quels sont les scientifiques, hommes ou femmes, que vous connaissez le mieux ?
2. Les femmes de cette catégorie de scientifiques ont-elles laissé leur nom tomber dans l'oubli ?
3. Quelles sont vos scientifiques féminines préférées du 20e siècle, et pourquoi les trouvez-vous si importantes ?

Katherine Johnson (1918 - 2020)

Mathématicien américain pour la NASA

"Aimez ce que vous faites, et alors vous ferez de votre mieux."

Au cours de sa longue carrière au service du programme spatial américain, la mathématicienne américaine Katherine Johnson a calculé et analysé les trajectoires de vol de nombreux engins spatiaux. Son travail a permis d'envoyer des astronautes sur la Lune.

Katherine Johnson est née Katherine Coleman le 26 août 1918, à White Sulphur Springs, en Virginie occidentale. Son intelligence et son habileté à manier les chiffres sont évidentes dès son enfance. À l'âge de 10 ans, elle commence à fréquenter le lycée.

En 1937, à l'âge de 18 ans, Coleman est diplômée du West Virginia State College (aujourd'hui West Virginia State University), à Institute, avec les plus hautes distinctions. Elle a obtenu des licences en mathématiques et en français. Après avoir obtenu son diplôme, elle s'est installée en Virginie pour occuper un poste d'enseignante.

En 1939, elle est sélectionnée pour être l'un des trois premiers étudiants afro-américains à s'inscrire à un programme d'études supérieures à l'université de West Virginia, à Morgantown. Coleman y a étudié les mathématiques, mais est rapidement partie pour s'occuper de sa famille. Elle avait épousé James Goble cette année-là. Il est décédé en 1956. Elle a ensuite épousé James Johnson.

En 1953, Katherine Johnson a commencé à travailler dans l'unité de calcul de la zone ouest du Comité consultatif national de l'aéronautique (NACA). Le NACA était le prédécesseur de la National Aeronautics and Space Administration (NASA). Avant l'apparition des ordinateurs électroniques, le programme spatial reposait sur des groupes de femmes qui effectuaient manuellement des calculs mathématiques complexes pour les ingénieurs du programme.

Ces femmes étaient appelées "ordinateurs". Katherine Johnson faisait partie d'un groupe de femmes afro-américaines connu sous le nom de "West Computers". Elles analysaient les données des tests et fournissaient des calculs mathématiques qui étaient essentiels à la réussite du programme spatial américain.

Les ordinateurs de l'Ouest étaient séparés des travailleurs blancs de l'agence spatiale. Ils étaient obligés d'utiliser des salles de bain et des restaurants séparés. Cela a changé lorsque la NACA est devenue la NASA en 1958.

À la NASA, Katherine Johnson était membre du groupe de travail sur l'espace. En 1960, elle a coécrit avec l'un des ingénieurs du groupe un article sur les calculs de mise en orbite d'un vaisseau spatial. C'est la première fois qu'une femme de sa division est créditée en tant qu'auteur d'un rapport de recherche. Elle a rédigé ou coécrit 26 rapports de recherche au cours de sa carrière.

En 1961, Katherine Johnson a calculé la trajectoire de Freedom 7, le vaisseau spatial qui a envoyé le premier astronaute américain dans l'espace. Alan

Shepard a effectué un vol historique de 15 minutes à bord du vaisseau. Il s'agissait de la première mission du programme Mercury de vols spatiaux habités de la NASA.

En 1962, lors d'un vol Mercury ultérieur, John Glenn est devenu le premier Américain à se placer en orbite autour de la Terre. À cette époque, la NASA avait commencé à utiliser des ordinateurs électroniques. Cependant, avant de quitter le sol, Glenn voulait s'assurer que l'ordinateur électronique avait correctement planifié son vol. Il a demandé à Johnson de vérifier les calculs de l'ordinateur.

Katherine Johnson a également fait partie de l'équipe qui a calculé où et quand lancer la fusée pour la mission Apollo 11 de 1969, qui a envoyé les trois premiers hommes sur la Lune. Katherine Johnson a ensuite travaillé sur le programme de la navette spatiale. Katherine Johnson a pris sa retraite de la NASA en 1986.

Katherine Johnson a reçu de nombreux prix et distinctions pour son œuvre. En 2015, elle a reçu la médaille présidentielle américaine de la liberté. La NASA lui a rendu hommage en 2016 en donnant son nom à un bâtiment, le Katherine G. Johnson Computational Research Facility. Cette année-là, le livre Hidden Figures : The American Dream and the Untold Story of the Black Women Mathematicians Who Helped Win the Space Race a été publié. Il raconte l'histoire des West Computers, dont Johnson, Dorothy Vaughan et Mary Jackson. Un film cinématographique basé sur le livre est également sorti en 2016. Katherine Johnson est décédée le 24 février 2020.

Points forts

- L'intelligence et l'habileté de Katherine Johnson avec les chiffres sont apparues dès son enfance ; à l'âge de 10 ans, elle avait commencé à fréquenter le lycée.
- En 1937, à l'âge de 18 ans, Coleman est diplômé avec les plus grands honneurs du West Virginia State College (aujourd'hui West Virginia State University), obtenant des licences en mathématiques et en français.
- Johnson a reçu de nombreux prix et distinctions pour son travail, notamment la médaille présidentielle de la liberté (2015).

- Margot Lee Shetterly publie Hidden Figures : The American Dream and the Untold Story of the Black Women Mathematicians Who Helped Win the Space Race, sur les ordinateurs de l'Ouest, notamment Johnson, Dorothy Vaughan et Mary Jackson.
- Un film basé sur le livre est également sorti en 2016.

Questions de recherche

---

1. Comment pensez-vous que ce serait d'être une femme travaillant pour la NASA ?
2. Quelles sont les réalisations scientifiques que vous admirez chez les femmes que vous admirez ?
3. Qui sont d'autres femmes scientifiques remarquables du 20e siècle ?

Florence Rena Sabin (1871-1953)

Anatomiste américain et chercheur sur le système lymphatique

"Il est malhonnête de simplifier quelque chose qui n'est pas simple".

Florence Rena Sabin est née le 9 novembre 1871 à Central City, dans le Colorado. Après avoir enseigné pendant plusieurs années à l'université Johns Hopkins, Sabin a été nommée professeur titulaire d'histologie en 1917, devenant ainsi la première femme à atteindre ce poste à Johns Hopkins.

En 1925, Florence Rena Sabin est élue à l'Académie nationale des sciences et devient membre de l'Institut Rockefeller pour la recherche médicale, deux premières pour les femmes.

Sabin prit sa retraite de l'institut en 1938 et retourna au Colorado où le gouverneur la nomma présidente d'un sous-comité sur la santé publique. Une statue de Florence Rena Sabin a été placée dans le Statuary Hall de Washington, D.C.

Points forts

- Après avoir enseigné à Denver et à Smith pour gagner de l'argent pour ses études, Florence Rena Sabin entre à la faculté de médecine de l'université Johns Hopkins à Baltimore, dans le Maryland, en 1896.
- Après avoir obtenu son diplôme en 1900, elle a fait un stage d'un an à l'hôpital Johns Hopkins, puis est retournée à l'école de médecine pour mener des recherches dans le cadre d'une bourse accordée par l'Association de Baltimore pour l'avancement de l'éducation universitaire des femmes.
- En 1901, elle a publié An Atlas of the Medulla and Midbrain, qui est devenu un texte médical populaire.
- En 1902, lorsque Johns Hopkins abandonne enfin sa politique de non-nomination de femmes à la faculté de médecine, Sabin est nommée assistante en anatomie et devient en 1917 la première femme professeur titulaire de l'école.
- Elle s'est ensuite tournée vers l'étude du sang, des vaisseaux sanguins et des cellules sanguines et a fait de nombreuses découvertes concernant leur origine et leur développement.

Questions de recherche

---

1. Préférez-vous un professeur masculin ou féminin ?
2. Quels conseils donneriez-vous à quelqu'un qui souhaite s'engager dans une carrière scientifique et technologique, mais qui n'est pas sûr de ce que cela implique (ex : inventer quelque chose) ?
3. À votre avis, à quoi ressemblait la vie d'une femme de science au 20e siècle ?

Tu Youyou (né en 1930)

Chimiste pharmaceutique et malariologue chinois

"Mon choix d'apprendre la pharmacie a été motivé par mes intérêts, ma curiosité et l'envie de chercher de nouveaux médicaments pour les patients."

Tu Youyou a reçu le prix Nobel de physiologie ou de médecine en 2015 pour sa découverte de l'un des médicaments antipaludéens les plus efficaces au monde. Elle a extrait et étudié une substance végétale appelée qinghaosu, qui est maintenant connue sous le nom d'artémisinine. Elle tue les parasites microscopiques à l'origine du paludisme.

Tu Youyou a partagé le prix Nobel avec deux autres scientifiques : William Campbell et Omura Satoshi. Tous deux ont également été récompensés pour leurs découvertes de médicaments agissant contre les infections parasitaires.

Tu Youyou est née le 30 décembre 1930 à Ningbo, dans la province du Zhejiang, en Chine. À l'adolescence, elle a contracté la tuberculose et a manqué deux années d'école. Cela l'a convaincue de poursuivre une carrière en médecine. Tu est entrée dans le programme de pharmacologie du Collège médical de Beijing.

Tu Youyou se concentre sur les plantes médicinales, apprenant à les classer et à en extraire les principes actifs. Après avoir obtenu son diplôme en 1955, elle est choisie pour rejoindre l'Institut Materia Medica de l'Académie de médecine traditionnelle chinoise (qui deviendra plus tard l'Académie chinoise des sciences médicales chinoises). De 1959 à 1962, elle participe à un cours de formation à l'utilisation de la médecine traditionnelle chinoise.

En 1967, pendant la guerre du Viêt Nam, Tu Youyou a été nommé à la tête d'un projet secret visant à découvrir un traitement contre la malaria. Le paludisme est une infection grave de l'homme causée par des protozoaires unicellulaires du genre Plasmodium. Ces parasites sont transmis à l'homme par la piqûre de moustiques. La malaria avait coûté la vie à de nombreux soldats nord-vietnamiens. Le Nord-Vietnam et la Chine étant alliés, les responsables nord-vietnamiens ont exhorté le gouvernement chinois à lancer le projet.

Tu Youyou et son équipe ont d'abord fait des recherches dans les anciens textes médicaux chinois pour trouver des plantes censées avoir des effets bénéfiques sur le paludisme. Son équipe a identifié quelque 640 plantes et plus de 2 000 remèdes susceptibles de soulager le paludisme. Ils ont ensuite testé 380 extraits d'environ 200 espèces de plantes pour déterminer leur capacité à éliminer les parasites Plasmodium du sang de souris infectées.

Au début des années 1970, l'équipe de Tu Youyou a commencé à étudier l'absinthe douce (Artemisia annua). Ils ont extrait un composé de la plante pour le tester sur des souris, avec des résultats mitigés. Tu a relu les textes anciens et a compris que le composé devait être extrait à basse température.

Après avoir affiné le processus d'extraction, les chercheurs ont retesté le composé et obtenu des résultats probants chez la souris. L'équipe a ensuite mené des études cliniques sur des patients atteints de paludisme. Les extraits d'absinthe douce ont fait baisser la fièvre et réduit le taux de parasites dans le sang des patients. En 1972, Tu Youyou et son équipe ont isolé le composé actif des extraits, qu'ils ont nommé qinghaosu (artémisinine).

Le gouvernement chinois a d'abord empêché Tu Youyou de publier les résultats de son équipe. Les travaux ont finalement atteint un public international au début des années 1980. Au début des années 2000, l'Organisation mondiale de la santé a recommandé l'utilisation de polythérapies à base d'artémisinine pour traiter le paludisme.

Tu Youyou a continué à étudier l'artémisinine et a développé un deuxième composé antipaludique, la dihydroartémisinine. En 2011, elle a reçu le prix Lasker-DeBakey de la recherche médicale clinique pour sa contribution à la découverte de l'artémisinine.

Points forts

- Après avoir obtenu son diplôme en 1955, Tu Youyou a été choisi pour rejoindre l'Institut Materia Medica de l'Académie de médecine traditionnelle chinoise (qui deviendra plus tard l'Académie chinoise des sciences médicales chinoises).
- De 1959 à 1962, Tu a participé à un cours de formation à plein temps sur l'utilisation de la médecine traditionnelle chinoise, destiné aux chercheurs ayant des connaissances en médecine occidentale. Ce cours a servi de base à l'application ultérieure des connaissances de la médecine traditionnelle chinoise à la découverte de médicaments modernes.
- En 1967, pendant la guerre du Viêt Nam (1954-75), Tu Youyou a été nommé à la tête du projet 523, une initiative secrète visant à découvrir un traitement contre la malaria.
- Tu a continué à étudier l'artémisinine et a mis au point un deuxième composé antipaludique, la dihydroartémisinine, qui est un métabolite bioactif de l'artémisinine.
- En 2011, Tu a reçu le prix Lasker-DeBakey de la recherche médicale clinique pour sa contribution à la découverte de l'artémisinine.

Questions de recherche

---

1. Quels conseils donneriez-vous aux filles intéressées par les domaines scientifiques ?

2. Y a-t-il quelque chose qui empêche les femmes de réussir dans des domaines comme la médecine, l'ingénierie ou la technologie aujourd'hui ?
3. Selon vous, comment la science a-t-elle évolué depuis les années 1900 (ou quels sont les défis à relever) ?

Françoise Barré-Sinoussi (née en 1947)

Virologue français qui a reçu le prix Nobel de physiologie ou de médecine 2008

" Quand on travaille sur le VIH, ce n'est pas seulement travailler sur le VIH, c'est travailler bien, bien au-delà. "

Françoise Barré-Sinoussi est l'un des lauréats du prix Nobel de physiologie ou de médecine 2008. Elle a partagé la moitié du prix avec Luc Montagnier pour leurs travaux d'identification du VIH (virus de l'immunodéficience humaine), responsable du sida (syndrome d'immunodéficience acquise). (L'autre moitié du prix a été attribuée à Harald zur Hausen).

Françoise Barré-Sinoussi est née le 30 juillet 1947 à Paris, en France. Elle a étudié à l'Institut Pasteur de Garches, en France, et a obtenu un doctorat en 1975. Elle a ensuite effectué un travail postdoctoral aux États-Unis, au National Cancer Institute de Bethesda, dans le Maryland. En 1975, Barré-Sinoussi rejoint l'Institut Pasteur à Paris. Elle prend la tête de l'unité de biologie des rétrovirus de l'institut (appelée plus tard unité de régulation des infections rétrovirales) en 1996.

Lorsque Montagnier a dirigé les efforts de l'Institut Pasteur en 1982 pour déterminer la cause du sida, Françoise Barré-Sinoussi faisait partie de son équipe. Grâce à la dissection d'un ganglion lymphatique d'un patient infecté, ils ont déterminé que le sida était causé par un rétrovirus, connu sous le nom de VIH. Leurs travaux ont conduit à la mise au point de nouveaux médicaments antiviraux et de nouvelles méthodes de diagnostic.

Points forts

- Françoise Barré-Sinoussi a obtenu un doctorat (1975) à l'Institut Pasteur de Garches, en France, et a effectué un travail postdoctoral aux États-Unis, au National Cancer Institute de Bethesda, dans le Maryland.
- En 1975, elle a rejoint l'Institut Pasteur à Paris, et en 1996, elle y a pris la tête de l'unité de biologie des rétrovirus (appelée ensuite unité de régulation des infections rétrovirales).
- De 2012 à 2014, Barré-Sinoussi a été président de la Société internationale du sida.
- Lorsque Montagnier a dirigé les efforts de l'Institut Pasteur en 1982 pour déterminer la cause du SIDA, Barré-Sinoussi était membre de son équipe.

Questions de recherche

---

1. Comment pensez-vous que l'avenir de la science gérera les nouveaux arrivants et ceux qui veulent changer au fil du temps ?
2. Quelles sont les choses que les scientifiques de cette période disent à propos des femmes scientifiques ?

Margaret Hamilton (née en 1936)

Informaticien américain, principal ingénieur logiciel du vol Apollo

"Le logiciel a finalement et nécessairement gagné le même respect que n'importe quelle autre discipline."

Margaret Hamilton a été l'un des premiers programmeurs de logiciels informatiques ; elle a créé le terme d'ingénieur logiciel pour décrire son travail. Elle a participé à l'écriture du code informatique des modules de commande et lunaires utilisés lors des missions Apollo vers la Lune à la fin des années 1960 et au début des années 1970 (voir exploration spatiale).

Margaret Hamilton est née Margaret Heafield le 17 août 1936 à Paoli, dans l'Indiana. Elle a obtenu une licence en mathématiques au Earlham College de Richmond, dans l'Indiana, en 1958. Elle a ensuite épousé James Hamilton et a enseigné les mathématiques dans le secondaire pendant une courte période.

Le couple s'installe à Boston, dans le Massachusetts, où Margaret prévoit d'étudier les mathématiques abstraites à l'université Brandeis.

Entre-temps, cependant, Margaret Hamilton a accepté un emploi au Massachusetts Institute of Technology (MIT), où elle a commencé à programmer des logiciels pour prédire le temps. Elle y fait également des études supérieures en météorologie.

Au laboratoire Lincoln du MIT, Hamilton travaille sur le projet SAGE (Semi-Automatic Ground Environment), le premier système de défense aérienne américain. Elle a écrit le logiciel d'un programme permettant d'identifier les avions ennemis. Hamilton travaille ensuite au laboratoire d'instrumentation du MIT (aujourd'hui le laboratoire indépendant Charles Stark Draper), qui fournit des technologies aéronautiques à la National Aeronautics and Space Administration (NASA).

Margaret Hamilton a dirigé une équipe chargée de développer le logiciel des systèmes de guidage et de contrôle des modules lunaires et de commande en vol des missions Apollo. Comme aucune école n'enseignait le génie logiciel, les membres de l'équipe devaient résoudre tous les problèmes par eux-mêmes.

Margaret Hamilton elle-même s'est spécifiquement concentrée sur les logiciels permettant de détecter les erreurs du système et de récupérer des informations en cas de panne d'ordinateur. Ces deux éléments ont été cruciaux lors de la mission Apollo 11, qui a conduit avec succès les astronautes Neil Armstrong et Edwin ("Buzz") Aldrin, Jr. sur la Lune.

Margaret Hamilton a quitté le MIT au milieu des années 1970 pour travailler dans le secteur privé. Elle a cofondé la société Higher Order Software en 1976 et a fondé Hamilton Technologies dix ans plus tard.

La NASA a décerné à Margaret Hamilton le prix " Exceptional Space Act " en 2003 pour honorer sa contribution au succès des missions Apollo. Le président Barack Obama lui a remis la médaille présidentielle américaine de la liberté en 2016.

Points forts

- Margaret Hamilton a participé à l'écriture du code informatique des modules de commande et lunaires utilisés lors des missions Apollo vers la Lune à la fin des années 1960 et au début des années 1970.
- Bien que Margaret ait prévu d'étudier les mathématiques abstraites à l'université Brandeis, elle accepte un poste au Massachusetts Institute of Technology (MIT) pendant que son mari fréquente la Harvard Law School.
- Au MIT, elle a commencé à programmer des logiciels pour prédire le temps et a fait des études supérieures en météorologie.
- Au début des années 1960, Hamilton rejoint le Lincoln Laboratory du MIT, où elle participe au projet SAGE (Semi-Automatic Ground Environment), le premier système de défense aérienne américain.

Questions de recherche

---

1. Quels sont les obstacles qui pourraient empêcher les filles et les femmes d'entrer dans des domaines où elles sont sous-représentées, comme les mathématiques et l'informatique ?
2. Quel est l'héritage des femmes scientifiques du 20e siècle ?
3. Pourquoi pensez-vous que les femmes se battent encore pour l'égalité aujourd'hui si elles ont tant accompli dans le passé ?

Emmy Noether (1882 - 1935)

Mathématicienne allemande connue pour ses contributions marquantes à l'algèbre abstraite et à la physique théorique.

"Mes méthodes [algébriques] sont en réalité des méthodes de travail et de pensée ; c'est pourquoi elles se sont glissées partout de manière anonyme."

Reconnue comme l'un des algébristes abstraits les plus créatifs des temps modernes, Emmy Noether a élaboré une théorie abstraite qui rassemble de nombreux développements mathématiques. Noether a apporté des innovations surprenantes à l'algèbre supérieure. Les domaines de recherche de la mathématicienne allemande comprennent la théorie générale des idéaux et l'application des algèbres non commutatives aux champs de nombres commutatifs.

Amalie Emmy Noether est née à Erlangen, en Allemagne, le 23 mars 1882. Son père, Max Noether, était professeur de mathématiques. Elle a obtenu un doctorat de l'Université d'Erlangen en 1907, avec une dissertation sur les invariants algébriques.

Emmy Noether a enseigné à l'université à partir de 1913, remplaçant occasionnellement son père. En 1915, elle est entrée à l'université de Göttingen. Malgré les objections de certains membres de la faculté, elle est officiellement admise comme maître de conférences en 1919.

Emmy Noether a été reconnue pour la première fois lorsque ses travaux ont été publiés dans la Mathematische Zeitschrift en 1920. Pendant les six années suivantes, elle s'est concentrée sur la théorie générale des idéaux (sous-ensembles spéciaux d'anneaux), dont son théorème résiduel est un élément important.

À partir de 1927, Noether s'est concentré sur les algèbres non commutatives, ou les algèbres dans lesquelles l'ordre dans lequel les nombres sont multipliés affecte la réponse. Elle a construit la théorie des algèbres non-commutatives d'une manière nouvellement unifiée et purement conceptuelle. En collaboration avec Helmut Hasse et Richard Brauer, Noether a étudié la structure des algèbres non commutatives et leur application aux champs commutatifs au moyen du produit en croix (une forme de multiplication utilisée entre deux vecteurs).

De 1930 à 1933, Emmy Noether fut le centre de la plus forte activité mathématique à Göttingen. L'étendue et l'importance de son travail ne peuvent être évaluées avec précision à partir de ses articles. Une grande partie de son travail est apparue dans les publications de ses étudiants et de ses collègues, et bien souvent, une suggestion ou même une simple remarque a révélé sa grande perspicacité et a stimulé un autre à compléter et à perfectionner une idée.

Emmy Noether a participé à la rédaction des Mathematische Annalen, mais elle a été licenciée avec d'autres professeurs juifs lorsque les nazis ont pris le pouvoir en 1933. Elle et ses collègues juifs ont également été démis de leurs fonctions à l'université.

Cette année-là, Emmy Noether part aux États-Unis pour devenir professeur invité de mathématiques au Bryn Mawr College, en Pennsylvanie. Tout en enseignant à Bryn Mawr, Noether donne des conférences et mène des recherches à l'Institute for Advanced Study de Princeton, dans le New Jersey. Emmy Noether est morte le 14 avril 1935 à Bryn Mawr, en Pennsylvanie.

Points forts

- Emmy Noether a été certifiée pour enseigner l'anglais et le français dans les écoles pour filles en 1900, mais elle a préféré étudier les mathématiques à l'université d'Erlangen (aujourd'hui université d'Erlangen-Nürnberg). À cette époque, les femmes n'étaient autorisées à assister aux cours qu'avec la permission de l'enseignant.
- Noether a obtenu un doctorat à Erlangen en 1907, avec une dissertation sur les invariants algébriques.
- À partir de 1927, Emmy Noether s'est concentré sur les algèbres non commutatives (algèbres dans lesquelles l'ordre dans lequel les nombres sont multipliés affecte la réponse), leurs transformations linéaires et leur application aux champs de nombres commutatifs.
- En collaboration avec Helmut Hasse et Richard Brauer, Noether a étudié la structure des algèbres non commutatives et leur application aux champs commutatifs au moyen du produit en croix (une forme de multiplication utilisée entre deux vecteurs).

Questions de recherche

---

1. Avez-vous déjà lu un livre sur cette femme ? Si oui, lequel ou lesquels ?
2. Quels sont vos livres scientifiques préférés ? Mentionnent-ils davantage les hommes que les femmes scientifiques et faudrait-il changer cela ?

Valentina Tereshkova (née en 1937)

Cosmonaute soviétique, ingénieur et première femme dans l'espace

"Hé ciel, enlève ton chapeau, j'arrive !"

La première femme à voyager dans l'espace était une cosmonaute soviétique nommée Valentina Tereshkova. Son vaisseau spatial, Vostok 6, a été lancé le 16 juin 1963. Il a effectué 48 orbites autour de la Terre en 71 heures avant d'atterrir sans encombre. Au même moment, un autre cosmonaute, Valery Bykovsky, était dans l'espace. Il avait été lancé deux jours plus tôt dans le Vostok 5. Son vaisseau a également atterri le 19 juin.

Valentina Vladimirovna Tereshkova est née le 6 mars 1937 à Maslennikovo, en Russie, en U.R.S.S., près de la grande ville de Yaroslavl. Son père ayant été tué au début de la Seconde Guerre mondiale, ses débuts sont difficiles.

Tereshkova n'a pas commencé à aller à l'école avant l'âge de 10 ans et, à 17 ans, elle était apprentie à l'usine de pneus de Yaroslavl. Elle a également travaillé dans une usine de textile. Valentina Tereshkova est devenue une ardente communiste, a rejoint le Komsomol (Ligue de la jeunesse communiste) et s'est mise au parachutisme comme passe-temps. En 1961, Tereshkova devient membre du parti communiste.

En 1961, le cosmonaute soviétique Youri Gagarine est devenu le premier homme à tourner autour de la Terre. Inspirée par son exploit, Tereshkova a posé sa candidature pour devenir cosmonaute. Son expérience du parachutisme l'a aidée à obtenir une chance de devenir cosmonaute. Valentina Tereshkova a été acceptée dans le programme spatial soviétique en 1962 et a commencé à s'entraîner. Son vol historique a eu lieu l'année suivante.

Après son vol, Valentina Tereshkova quitte le programme spatial et épouse le cosmonaute Andriyan Nikolayev (ils divorceront plus tard). Elle entame une carrière dans la politique. De 1966 à 1991, Tereshkova est un membre actif du Soviet suprême, le corps législatif du pays.

En 1968, elle a dirigé le Comité des femmes soviétiques. Valentina Tereshkova a été membre du Présidium du Soviet suprême de 1974 à 1991. En 2008, elle est devenue vice-présidente du parlement de la province de Yaroslavl en tant que membre du parti Russie Unie. Valentina Tereshkova a été nommée Héros de l'Union soviétique et a reçu deux fois l'Ordre de Lénine.

Points forts

- Bien que Valentina Tereshkova n'ait pas reçu de formation de pilote, elle était une parachutiste amateur accomplie et, sur cette base, elle a été acceptée dans le programme des cosmonautes lorsqu'elle s'est portée volontaire en 1961.
- De 1966 à 1991, Tereshkova a été un membre actif du Soviet suprême de l'URSS. Elle a dirigé le Comité des femmes soviétiques en

1968, et de 1974 à 1991, Tereshkova a été membre du Présidium du Soviet suprême.

- En 2008, Tereshkova est devenue vice-présidente du parlement de la province de Yaroslavl en tant que membre du parti Russie Unie.
- Tereshkova a été nommée Héros de l'Union soviétique et a reçu deux fois l'Ordre de Lénine.

Questions de recherche

---

1. Quelle femme scientifique du 20e siècle connaissez-vous le mieux ?
2. Qui a été la première femme à recevoir un prix Nobel en sciences ?
3. Qui étaient vos héroïnes scientifiques en grandissant et pourquoi ?

Lynn Margulis (1938 - 2011)

Théoricien de l'évolution, biologiste, auteur scientifique, éducateur et vulgarisateur scientifique américain.

"Malgré tous les accomplissements de la biologie moléculaire, on ne peut toujours pas distinguer un chat vivant d'un chat mort."

Lynn Margulis a révolutionné le concept moderne de l'apparition de la vie sur Terre en proposant la théorie selon laquelle les structures internes multicellulaires de tous les organismes supérieurs ont évolué à partir d'organismes unicellulaires simples, tels que les bactéries. Elle a été l'un des premiers biologistes à envisager le rôle de la symbiose dans l'évolution. Ses idées ont souvent été accueillies avec scepticisme, voire hostilité.

Lynn Margulis est née Lynn Petra Alexander le 5 mars 1938 à Chicago, dans l'Illinois. Elle obtient une licence à l'université de Chicago en 1957. Peu après, elle a épousé l'astronome américain Carl Sagan, avec qui elle a eu deux enfants, dont l'un, Dorion Sagan, est devenu un collaborateur fréquent. Le couple a divorcé en 1964. Margulis est le nom de famille du second mari de Lynn, qu'elle a épousé en 1967 ; le couple a divorcé en 1980.

Lynn Margulis a obtenu une maîtrise en zoologie et en génétique à l'Université du Wisconsin à Madison en 1960 et un doctorat en génétique à l'Université de Californie à Berkeley en 1965. Elle a rejoint le département de biologie de l'université de Boston (Massachusetts) en 1966 et y a enseigné jusqu'en 1988, date à laquelle Lynn Margulis est devenue professeur au département de botanique de l'université du Massachusetts à Amherst. Lynn Margulis passe au département de biologie en 1993, puis au département des géosciences en 1997.

Lynn Margulis a expliqué le concept de cellules à noyau évoluant à partir de la fusion symbiotique de bactéries dans son premier livre, Origin of Eukaryotic Cells (1970). À l'époque, sa théorie était considérée comme farfelue, mais elle a depuis été largement acceptée.

Margulis a développé ses idées dans Symbiosis in Cell Evolution (1981). Dans son livre Five Kingdoms (1982), écrit avec la biologiste américaine Karlene V. Schwartz, Margulis explique le système de classification de la vie sur Terre en cinq royaumes : animaux, plantes, bactéries, champignons et protoctistes. Lynn Margulis a rejeté les modèles qui classaient la vie en trois royaumes ou en plus de cinq royaumes, ces derniers étant devenus populaires au 21e siècle.

Un autre domaine d'intérêt pour Lynn Margulis a été sa longue collaboration avec le scientifique britannique James Lovelock sur l'hypothèse controversée de Gaia. Selon cette hypothèse, la Terre peut être considérée comme une entité complexe, dont les éléments vivants et inorganiques sont interdépendants et dont les formes de vie modifient l'environnement pour maintenir des conditions hospitalières.

En plus de ses publications scientifiques, Lynn Margulis a écrit de nombreux livres interprétant des concepts scientifiques pour le grand public. Parmi ceux-ci, citons Mystery Dance : On the Evolution of Human Sexuality (1991), What Is Life ? (1995), What Is Sex ? (1997), et Dazzle Gradually : Reflections on Nature in Nature (2007), tous coécrits avec son fils.

Margulis a également écrit un livre de contes, Luminous Fish (2007). Ses derniers livres ont été publiés sous le label Sciencewriters Books de Chelsea Green Publishing, qu'elle a cofondé avec Dorion en 2006.

Lynn Margulis a été élue à l'Académie nationale des sciences en 1983 et est l'un des trois membres américains de l'Académie russe des sciences naturelles. Elle a reçu la médaille nationale des sciences des États-Unis en 1999 et, en 2008, la médaille Darwin-Wallace de la Linnean Society de Londres (Angleterre). Lynn Margulis est décédée le 22 novembre 2011 à Amherst, dans le Massachusetts.

Points forts

- En plus de ses publications scientifiques, Lynn Margulis a écrit de nombreux livres interprétant des concepts et des énigmes scientifiques pour un public populaire.
- Parmi ces ouvrages, citons Mystery Dance : Sur l'évolution de la sexualité humaine (1991), What Is Life ? (1995), What Is Sex ? (1997), et Dazzle Gradually : Reflections on Nature in Nature (2007), tous coécrits avec son fils.
- Margulis a également écrit un livre de contes, Luminous Fish (2007).
- Elle a été élue à l'Académie nationale des sciences en 1983 et était l'un des trois membres américains de l'Académie russe des sciences naturelles.

Questions de recherche

---

1. Quelle est la femme scientifique que vous admirez le plus ? Pourquoi l'admirez-vous ?
2. Avez-vous déjà eu des problèmes avec des camarades de classe ou des collègues masculins qui se sentaient menacés par votre talent ou vos connaissances ?

Margaret Mead (1901 - 1978)

Anthropologue culturelle américaine surtout connue pour ses études sur les peuples d'Océanie

"Il faut apprendre aux enfants comment penser, pas ce qu'il faut penser."

Avec la publication en 1928 de son premier livre, Coming of Age in Samoa, Margaret Mead a commencé à établir sa réputation d'anthropologue de premier plan au XXe siècle. Elle était également une conférencière populaire et controversée sur des questions sociales contemporaines telles que les droits des femmes, l'éducation des enfants, la toxicomanie, le contrôle de la population et la faim dans le monde. En tant qu'anthropologue, Margaret Mead a publié de nombreux ouvrages sur les peuples du Pacifique Sud.

Margaret Mead est née le 16 décembre 1901 à Philadelphie, en Pennsylvanie. Elle a obtenu une maîtrise en psychologie au Barnard College en 1924 et un doctorat à l'Université Columbia sous la direction de l'anthropologue Franz Boas. Pendant ses études à Columbia, elle a effectué le premier de plusieurs voyages dans le Pacifique Sud en 1925-26.

Margaret Mead est devenue conservatrice adjointe d'ethnologie au Musée américain d'histoire naturelle de New York en 1926 et est restée au musée jusqu'en 1969, les cinq dernières années en tant que conservatrice. De 1954 jusqu'à sa retraite, Mead a enseigné l'anthropologie à Columbia et a présidé la division des sciences sociales de l'université Fordham (1968-71).

Margaret Mead est décédée à New York le 15 novembre 1978. L'année suivante, elle a reçu à titre posthume la médaille présidentielle de la liberté.

Coming of Age est resté en circulation depuis sa première publication. Parmi les autres ouvrages de Mead figurent Growing Up in New Guinea (1930) et Sex and Temperament in Three Primitive Societies (1935). Margaret Mead a analysé les normes culturelles américaines dans And Keep Your Powder Dry en 1942.

L'une de ses publications ultérieures les plus importantes est Male and Female (1949). Son autobiographie, Blackberry Winter, a été publiée en 1972.

Points forts

- Margaret Mead a obtenu son diplôme de Barnard en 1923 et est entrée à l'école supérieure de l'université Columbia, où elle a étudié avec les anthropologues Franz Boas et Ruth Benedict (une amie de toujours), qui l'ont beaucoup influencée.
- En 1925, au cours du premier de ses nombreux voyages sur le terrain dans les mers du Sud, elle a rassemblé des informations pour le premier de ses 23 livres, Coming of Age in Samoa (1928 ; nouvelle édition, 2001), un best-seller permanent et un exemple caractéristique de sa confiance dans l'observation plutôt que dans les statistiques.
- Ses contributions à la science ont fait l'objet d'une reconnaissance particulière lorsque, à l'âge de 72 ans, elle a été élue à la présidence de l'American Association for the Advancement of Science.

- En 1979, elle a reçu à titre posthume la médaille présidentielle de la liberté, la plus haute distinction civile des États-Unis.

Questions de recherche

---

1. Si vous étiez une femme scientifique au XXe siècle, que voudriez-vous savoir sur votre vie et votre travail ?
2. Y a-t-il d'autres femmes scientifiques célèbres qui sont connues pour leurs réalisations entre 1900 et 1970 ?

Cecilia Payne-Gaposchkin (1900 - 1979)

Astronome et astrophysicien américain d'origine britannique

"Votre récompense sera l'élargissement de l'horizon au fur et à mesure de votre ascension. Et si vous obtenez cette récompense, vous n'en demanderez aucune autre."

Cecilia Payne-Gaposchkin a mené des recherches pionnières sur la composition des étoiles. Elle a découvert que les étoiles sont principalement constituées d'hydrogène et d'hélium.

Cecilia Helena Payne est née le 10 mai 1900 à Wendover, en Angleterre. Elle a étudié à l'Université de Cambridge, où elle a obtenu une licence en 1923. Sir Arthur Eddington, astronome et physicien britannique réputé, encourage Payne à devenir astronome. Cependant, elle pense qu'il y a plus de possibilités pour une femme de travailler dans l'astronomie aux États-Unis qu'en Grande-Bretagne.

Après avoir obtenu son diplôme à Cambridge, Mme Payne a accepté une bourse pour étudier à l'Observatoire du Harvard College à Cambridge, dans le Massachusetts.

Cecilia Payne-Gaposchkin a obtenu un doctorat en astronomie en 1925. À l'époque, Harvard n'accordait pas de doctorat aux femmes. Payne reçoit donc le diplôme du Radcliffe College, un collège pour femmes qui a longtemps été affilié à Harvard (et qui a ensuite fusionné avec elle). Son diplôme a été le premier doctorat en astronomie jamais décerné par Radcliffe.

Dans sa thèse de doctorat, Cecilia Payne-Gaposchkin a analysé les spectres, ou propriétés de la lumière, émis par différents types d'étoiles. D'autres scientifiques, dont Annie Jump Cannon, avaient déjà travaillé à la classification des étoiles en fonction de leurs qualités spectrales. Payne a pu fournir des mesures précises des températures stellaires pour les principales classes spectrales d'étoiles. Elle a également déterminé que l'hydrogène et l'hélium sont de loin les éléments les plus abondants dans les étoiles.

Payne publie sa thèse sous forme de livre, Atmosphères stellaires, en 1925. Sa découverte que les étoiles sont principalement composées d'hydrogène et d'hélium n'est pas immédiatement acceptée par la communauté scientifique. L'influent astronome américain Henry Norris Russell fait partie des scientifiques qui avaient supposé que les étoiles avaient la même composition que la Terre. En 1929, cependant, Russell lui-même avait confirmé la conclusion de Payne. Les astronomes Otto Struve et Velta Zebergs ont par la suite qualifié le travail de Payne de "sans doute la plus brillante thèse de doctorat jamais écrite en astronomie."

Après avoir terminé son doctorat, Payne reste à l'Observatoire du Harvard College en tant qu'assistant technique. Son deuxième livre, Stars of High Luminosity (1930), marque le début de son intérêt pour les étoiles variables (étoiles dont la lumière observée varie notablement en intensité). Lors d'un voyage en Europe en 1933, elle rencontre l'astronome russe Sergey Gaposchkin. Celui-ci ne pouvait pas retourner en Union soviétique à cause de ses opinions politiques. Payne l'aide à trouver un poste à Harvard. Ils se marient en 1934. Les deux hommes collaborent souvent à l'étude des étoiles variables.

Payne-Gaposchkin a été nommée maître de conférences en astronomie à Harvard en 1938. En 1956, elle a été nommée professeur titulaire à Harvard et présidente du département d'astronomie.

Cecilia Payne-Gaposchkin a pris sa retraite en 1966. Payne-Gaposchkin est décédée le 7 décembre 1979 à Cambridge, dans le Massachusetts. Cecilia Payne-Gaposchkin : An Autobiography and Other Recollections est paru en 1984.

Points forts

- En 1933, Payne se rend en Europe pour rencontrer l'astronome russe Boris Gerasimovich, qui avait déjà travaillé à l'observatoire du Harvard College et avec qui elle envisageait d'écrire un livre sur les étoiles variables.
- Payne rencontre Sergey Gaposchkin, un astronome russe qui ne peut retourner en Union soviétique à cause de ses opinions politiques. Ils se marient en 1934 et collaborent souvent à l'étude des étoiles variables.
- Elle a été nommée maître de conférences en astronomie en 1938, mais même si elle a donné des cours, ils n'ont pas été répertoriés dans le catalogue de Harvard avant la fin de la Seconde Guerre mondiale.
- En 1956, Payne est nommé professeur titulaire à Harvard et devient président du département d'astronomie.

Questions de recherche

---

1. Qu'aurions-nous vu si toutes les femmes scientifiques de cette époque étaient encore en vie pour travailler avec nous aujourd'hui ?
2. De quelle manière les humains pourraient-ils être plus tolérants envers les femmes dans ces domaines aujourd'hui (pensées idéalistes) ?

Jocelyn Bell Burnell (née en 1943)

Astronome britannique qui a découvert les premiers pulsars radio.

"Il y a de la poussière d'étoile dans vos veines. Nous sommes littéralement, ultimement, des enfants des étoiles."

Jocelyn Bell Burnell a découvert les pulsars, sources cosmiques d'impulsions radio particulières. Elle est née le 15 juillet 1943 à Belfast, en Irlande du Nord. Elle a fréquenté l'université de Glasgow, en Écosse, où elle a obtenu une licence (1965) en physique. Elle a poursuivi ses études à l'université de Cambridge, en Angleterre, où elle a obtenu un doctorat (1969) en radioastronomie.

Assistante de recherche à Cambridge, Jocelyn Bell Burnell a participé à la construction d'un grand radiotélescope. En 1967, alors qu'elle examinait les résultats de ses expériences sur les quasars, elle a découvert une série d'impulsions radio extrêmement régulières. Perplexe, elle consulte son conseiller, l'astrophysicien Antony Hewish, et leur équipe passe les mois suivants à éliminer les sources possibles de ces impulsions, qu'ils appellent en plaisantant LGM (pour Little Green Men) en référence à la faible possibilité qu'elles représentent des tentatives de communication par une intelligence extraterrestre.

Après avoir surveillé les impulsions à l'aide d'un équipement plus sensible, l'équipe a découvert plusieurs modèles plus réguliers d'ondes radio et a déterminé qu'ils émanaient en fait d'étoiles à neutrons tournant rapidement (étoiles radio pulsantes), que la presse a ensuite appelées pulsars.

Le prix Nobel de physique 1974 a été attribué à Hewish et Martin Ryle pour la découverte des pulsars. Plusieurs scientifiques éminents ont protesté contre l'omission de Bell Burnell, bien qu'elle ait soutenu que le prix avait été attribué de manière appropriée compte tenu de son statut d'étudiante au moment de la découverte. Après sa découverte, Bell Burnell a enseigné à l'université de Southampton (1970-73) avant de devenir professeur à l'University College London (1974-82).

Jocelyn Bell Burnell a également enseigné à l'Open University (1973-87) et travaillé à l'Observatoire royal d'Édimbourg (1982-91) avant d'être professeur de physique à l'Open University (1991-2001). Elle a ensuite été nommée doyenne des sciences à l'université de Bath (2001-2004), après quoi Mme Bell Burnell a accepté un poste de professeur invité à l'université d'Oxford, en Angleterre.

Jocelyn Bell Burnell a été créée Commandeur de l'Ordre de l'Empire britannique (CBE) en 1999 et Dame (DBE) en 2007. Bell Burnell est devenu membre de la British Royal Society en 2003. Elle a également été présidente de la Royal Astronomical Society (2002-2004) et a été élue pour un mandat de deux ans à la présidence de l'Institute of Physics en 2008.

Points forts

- Jocelyn Bell Burnell a fréquenté l'Université de Glasgow, où elle a obtenu une licence (1965) en physique. Elle a poursuivi ses études à l'université de Cambridge, où elle a obtenu un doctorat (1969) en radioastronomie.

- En tant qu'assistant de recherche à Cambridge, Bell Burnell a participé à la construction d'un grand radiotélescope et, en 1967, alors qu'elle examinait les impressions de ses expériences de surveillance des quasars, elle a découvert une série d'impulsions radio extrêmement régulières.
- Après avoir surveillé les impulsions à l'aide d'équipements plus sensibles, l'équipe a découvert plusieurs modèles d'ondes radio plus réguliers et a déterminé qu'ils émanaient en fait d'étoiles à neutrons tournant rapidement, que la presse a ensuite appelées pulsars.
- Bell Burnell a également été président de la Royal Astronomical Society (2002-2004) et a été élu pour un mandat de deux ans à la présidence de l'Institute of Physics en 2008.

Questions de recherche

---

1. Quelles sont les qualifications qu'une personne doit avoir pour être considérée comme une femme scientifique du 20ème siècle ?
2. Citez trois autres femmes astronomes du 20ème siècle

Lise Meitner (1878 - 1968)

Physicien autrichien qui a découvert l'isotope radioactif protactinium-231

"La science fait tendre les gens vers la vérité et l'objectivité ; elle apprend à accepter la réalité, avec émerveillement et admiration, sans parler de la crainte et de la joie profondes que l'ordre naturel des choses procure au vrai scientifique."

La physicienne autrichienne Lise Meitner a partagé le prix Enrico Fermi en 1966 avec Otto Hahn et Fritz Strassmann pour des recherches ayant conduit à la découverte de la fission nucléaire. Les principaux travaux de Lise Meitner en physique portaient sur la relation entre les rayons bêta et les rayons gamma.

Lise Meitner est née à Vienne le 7 novembre 1878. Elle a étudié à l'université de Vienne, où elle a obtenu son doctorat en physique en 1907. Elle se rend ensuite à Berlin pour rejoindre le chimiste Otto Hahn dans ses recherches sur la radioactivité. Meitner a étudié avec Max Planck et a travaillé comme son assistante.

En 1913, Lise Meitner devient membre de l'Institut Kaiser Wilhelm de Berlin (aujourd'hui l'Institut Max Planck). En 1917, Meitner devient chef de la section physique et codirecteur avec Otto Hahn. Ils ont travaillé ensemble pendant environ 30 ans et ont découvert et nommé le protactinium. Ils ont également étudié les produits du bombardement neutronique de l'uranium.

Parce que Lise Meitner était juive, elle a fui l'Allemagne en 1938 pour échapper aux persécutions nazies. Elle se rend en Suède, qui reste neutre pendant la Seconde Guerre mondiale. Là, avec son neveu Otto Frisch, elle étudie les caractéristiques physiques de l'uranium bombardé de neutrons et propose le nom de fission pour ce processus. Hahn et Strassmann, suivant la même ligne de recherche, notent que le bombardement produit des éléments beaucoup plus légers.

Les progrès ultérieurs dans l'étude de la fission nucléaire ont conduit aux armes nucléaires et à l'énergie nucléaire. En 1960, elle se retire pour vivre en Angleterre. Lise Meitner est morte à Cambridge le 27 octobre 1968.

Points forts

- Après avoir obtenu son doctorat à l'université de Vienne (1906), Lise Meitner assiste aux conférences de Max Planck à Berlin en 1907 et rejoint Hahn dans ses recherches sur la radioactivité.
- Au cours de trois décennies d'association, elle et Hahn ont été parmi les premiers à isoler l'isotope protactinium-231 (qu'ils ont nommé), ont étudié l'isomérie nucléaire et la désintégration bêta, et dans les années 1930 (avec Strassmann) ont étudié les produits du bombardement neutronique de l'uranium.
- En 1944, Hahn a reçu le prix Nobel de chimie pour avoir découvert la fission nucléaire, bien que certains aient affirmé que Meitner méritait une part du prix.

- À cette époque, Meitner est invitée à travailler sur le projet Manhattan (1942-1945) aux États-Unis. Elle s'oppose toutefois à la bombe atomique et rejette l'offre.

Questions de recherche

---

1. Pensez-vous qu'il est important pour les filles de voir des modèles comme ceux-ci lorsqu'elles débutent une carrière scientifique ? Pourquoi/pourquoi pas ?
2. Des personnes de votre école ou de votre lieu de travail ont-elles déjà eu une réaction sexiste à propos de quelque chose lié à la physique, à l'ingénierie, aux mathématiques, etc. et, si oui, comment avez-vous réagi ?

Christiane Nüsslein-Volhard (née en 1942)

Biologiste allemand du développement et lauréat du prix Nobel.

"J'ai tout de suite aimé travailler avec les mouches. Elles me fascinaient et me suivaient dans mes rêves. "

Christiane Nüsslein-Volhard a reçu le prix Nobel de physiologie ou de médecine en 1995 pour ses contributions importantes à l'étude du développement des êtres vivants de l'embryon à l'âge adulte. Nüsslein-Volhard a partagé le prix avec les généticiens Eric F. Wieschaus et Edward B. Lewis. Nüsslein-Volhard, en collaboration avec Wieschaus, a développé les travaux pionniers de Lewis, qui utilisait la mouche à fruits (Drosophila melanogaster) comme sujet expérimental.

Mme Nüsslein-Volhard est née le 20 octobre 1942 à Magdebourg, en Allemagne. Elle a fréquenté l'université Goethe de Francfort-sur-le-Main avant d'être transférée à l'université Eberhard-Karl de Tübingen pour participer à un nouveau programme d'études en biochimie, le premier du genre en Allemagne.

Christiane Nüsslein-Volhard a obtenu un diplôme de biochimie en 1968 et un doctorat en génétique en 1973. À la recherche d'un projet postdoctoral, elle a découvert la mouche à fruits, qui avait été utilisée par d'autres scientifiques pour étudier les mutations génétiques. Comme la mouche à fruits se développe de l'œuf fécondé à l'embryon en neuf jours et que sa structure génétique est similaire à celle de l'homme, elle constitue un sujet de recherche idéal.

Après avoir été boursière à Bâle, en Suisse, et à Fribourg, en Allemagne de l'Est (aujourd'hui Allemagne), Christiane Nüsslein-Volhard a rejoint Wieschaus en tant que chef de groupe au Laboratoire européen de biologie moléculaire à Heidelberg, en Allemagne de l'Ouest (aujourd'hui Allemagne). Là, les deux scientifiques ont passé plus d'un an à croiser 40 000 familles de mouches des fruits et à examiner systématiquement leur composition génétique.

Leurs méthodes d'essai et d'erreur ont permis de découvrir que sur les 20 000 gènes de la mouche, environ 5 000 sont jugés importants pour le développement précoce et environ 140 sont essentiels. Nüsslein-Volhard et Wieschaus ont publié leurs résultats dans la revue scientifique anglaise Nature en 1980.

La découverte de Christiane Nüsslein-Volhard et Wieschaus a eu un effet immédiat et spectaculaire sur la biologie du développement. Ils ont établi pour la première fois que les gènes contrôlant le développement pouvaient être identifiés individuellement, ce qui a encouragé les scientifiques à rechercher les gènes du développement chez d'autres espèces, y compris les humains. En utilisant les expériences sur les mouches à fruits comme modèle, les scientifiques ont pu identifier les gènes humains responsables de diverses anomalies congénitales.

En 1981, Christiane Nüsslein-Volhard retourne à Tübingen où, en 1985, elle devient directrice de l'Institut Max Planck de biologie du développement. Elle a continué à faire des expériences en génétique du développement et a publié des articles sur le sujet tout au long du début du 21e siècle.

En plus de ses expériences sur la drosophile, Christiane Nüsslein-Volhard a étudié le développement génétique du poisson zèbre (Danio rerio) et a cherché à l'utiliser comme modèle de développement des vertébrés.

Outre le prix Nobel, Christiane Nüsslein-Volhard a reçu le prix Leibniz en 1986 et le prix Albert Lasker pour la recherche médicale fondamentale en 1991. Elle a également publié plusieurs ouvrages, dont Zebrafish : A Practical Approach (2002 ; écrit avec Ralf Dahm) et Coming to Life : How Genes Drive Development (2006).

Points forts

- À l'université Eberhard-Karl de Tübingen, Christiane Nüsslein-Volhard a obtenu un diplôme de biochimie en 1968 et un doctorat en génétique en 1973.
- En 1981, Nüsslein-Volhard est retournée à Tübingen, où elle a été directrice de l'Institut Max Planck de biologie du développement de 1985 à 2015.
- À Heidelberg, Nüsslein-Volhard et Wieschaus ont passé plus d'un an à croiser 40 000 familles de mouches des fruits et à examiner systématiquement leur patrimoine génétique au microscope double.
- Ils ont attribué la responsabilité du développement embryonnaire de la drosophile à trois catégories génétiques : les gènes d'espacement, qui définissent le plan du corps de la tête à la queue ; les gènes de règle de paire, qui déterminent la segmentation du corps ; et les gènes de polarité de segment, qui établissent des structures répétitives au sein de chaque segment.
- Christiane Nüsslein-Volhard a également publié plusieurs ouvrages, dont Zebrafish : A Practical Approach (2002 ; écrit avec Ralf Dahm) et Coming to Life : How Genes Drive Development (2006).

Questions de recherche

---

1. Avez-vous déjà vécu une expérience où quelqu'un n'a pas tenu compte de votre valeur en tant que fille ou femme, et cela vous a-t-il donné envie d'abandonner ?

2. Comment pensez-vous que sa vie aurait été différente si elle avait poursuivi une carrière en philosophie plutôt qu'en biologie ?
3. Si vous aviez une telle liste de tous les temps, qui y figurerait ?

Peggy Whitson (née en 1960)

Chercheur américain en biochimie et astronaute retraité de la NASA

"J'encouragerais certainement les jeunes à poursuivre leurs rêves. Ce n'est pas toujours un chemin facile, mais cela vaut la peine de le poursuivre."

La biochimiste et astronaute américaine Peggy Whitson a été la première femme à commander la station spatiale internationale (ISS). Whitson a établi un record parmi les astronautes américains et parmi les femmes pour avoir passé le plus de temps dans l'espace.

En 2016, alors que Whitson avait 56 ans, elle est retournée à l'ISS pour la troisième fois, devenant ainsi la femme la plus âgée à passer du temps dans l'espace.

Peggy Annette Whitson est née le 9 février 1960 à Mount Ayr, dans l'Iowa. Elle a obtenu un baccalauréat en biologie et en chimie de l'Iowa Wesleyan College à Mount Pleasant (Iowa) en 1981 et un doctorat en biochimie de l'Université Rice à Houston (Texas) en 1985. En 1986, elle a rejoint le Johnson Space Center (JSC) de la National Aeronautics and Space Administration (NASA) à Houston en tant qu'associée de recherche.

Peggy Whitson a ensuite travaillé en tant que superviseur du groupe de recherche en biochimie chez KRUG International, un sous-traitant en sciences médicales de la NASA au JSC. Whitson a eu une carrière longue et variée à la NASA avant sa sélection comme candidate astronaute.

Entre autres postes, Mme Whitson a travaillé dans la branche des opérations et de la recherche biomédicales de la JSC de 1989 à 1993 et a été chef de division adjoint de la division des sciences médicales de la JSC de 1993 à 1996. Elle a également participé aux efforts conjoints des scientifiques américains et soviétiques (puis russes).

Peggy Whitson a commencé sa formation d'astronaute en août 1996. Après deux ans de formation, elle a occupé divers postes techniques au sein de la branche de planification des opérations du bureau des astronautes de la NASA. Elle s'est envolée dans l'espace pour la première fois le 5 juin 2002, en tant qu'ingénieur de vol de l'expédition 5 vers l'ISS, à bord de la navette spatiale Endeavour, dans le cadre de la mission STS-111.

À bord de l'ISS, Peggy Whitson a mené plus de 20 expériences en microgravité et en sciences de la vie humaine. Elle a également exploité et installé des charges utiles et des systèmes matériels commerciaux. Peggy Whitson a été désignée premier officier scientifique de l'ISS de la NASA et a également effectué une sortie dans l'espace pour installer un blindage sur un module de service et déployer une charge utile scientifique. Après près de 185 jours dans l'espace, elle est revenue sur Terre à bord de la mission STS-113, atterrissant le 7 décembre.

Peggy Whitson a voyagé dans l'espace pour la deuxième fois le 10 octobre 2007 - à bord de Soyouz TMA-11 avec Yury Malenchenko de Russie et Sheikh Muszaphar Shukor de Malaisie - en tant que commandante de la mission Expedition 16. Première femme à commander l'ISS, elle a supervisé et dirigé une expansion significative de l'espace de vie et de travail sur l'ISS, y compris l'installation de composants fabriqués par les agences spatiales européenne, japonaise et canadienne. Au cours de cette mission de six mois, elle a également effectué cinq sorties dans l'espace pour réaliser des tâches d'entretien et d'assemblage.

Après avoir passé près de 192 jours dans l'espace, Peggy Whitson est revenue sur Terre à bord de Soyouz TMA-11 le 19 avril 2008. Le module d'équipement du Soyouz ne s'est pas séparé correctement du module de rentrée, et l'engin a suivi une trajectoire de descente inhabituellement abrupte. L'équipage a effectué un atterrissage extrêmement dur, qui a manqué la cible de 470 kilomètres (300 miles). Whitson n'a subi aucune blessure permanente.

De 2009 à 2012, Peggy Whitson a été chef du Bureau des astronautes, qui supervise toutes les activités des astronautes de la NASA, notamment la sélection et l'entraînement des équipages. Le 17 novembre 2016, elle est retournée dans l'espace pour sa troisième mission de longue durée, Expedition 51.

À son arrivée à l'ISS, Whitson était la femme astronaute la plus âgée dans l'espace. En mars 2017, Whitson a effectué sa huitième sortie dans l'espace en carrière pour une durée combinée de 53 heures et 22 minutes, établissant ainsi des records pour une femme astronaute. Le mois suivant, elle a dépassé le record de 534 jours dans l'espace de l'astronaute Jeffrey Williams, faisant d'elle l'astronaute la plus expérimentée de la NASA. Whitson était en charge de l'ISS pendant une partie de la mission, ce qui fait d'elle la première femme à commander la station à deux reprises.

Points forts

- Peggy Whitson a obtenu une licence en biologie et en chimie au Iowa Wesleyan College de Mount Pleasant (Iowa) en 1981 et un doctorat en biochimie à la Rice University de Houston en 1985.
- De 2009 à 2012, Mme Whitson a été chef du Bureau des astronautes, qui supervise toutes les activités des astronautes de la NASA, y compris la sélection et l'entraînement des équipages. Whitson était la première femme et le premier civil à occuper ce poste.
- Le 10 avril 2017, Peggy Whitson est devenue commandante de la mission Expedition 51 de l'ISS, qui a duré jusqu'au 2 juin. Elle a

effectué quatre sorties dans l'espace au cours desquelles des composants de la station ont été entretenus ou remplacés.

- Peggy Whitson a passé près de 666 jours dans l'espace au cours de ses trois missions de longue durée à bord de l'ISS, ce qui fait d'elle l'astronaute la plus expérimentée de la NASA.

Questions de recherche

---

1. Qui sont vos cinq scientifiques féminines préférées du 20e siècle ?
2. Pouvez-vous recommander d'autres chercheuses célèbres que les gens devraient connaître et étudier ?
3. Quel est, selon vous, le plus grand défi pour les femmes dans le domaine scientifique aujourd'hui ?

Votre cadeau

Vous avez un livre dans les mains.

Ce n'est pas n'importe quel livre, c'est un livre de Student Press Books ! Nous écrivons sur les héros noirs, les femmes qui prennent le pouvoir, la mythologie, la philosophie, l'histoire et d'autres sujets intéressants !

Puisque vous avez acheté un livre, nous voulons que vous en ayez un autre gratuitement.

Tout ce dont vous avez besoin, c'est d'une adresse électronique et de la possibilité de vous abonner à notre newsletter (ce qui signifie que vous pouvez vous désabonner à tout moment).

Alors, qu'attendez-vous ? Inscrivez-vous dès aujourd'hui et recevez votre livre gratuit instantanément ! Tout ce que vous avez à faire est de visiter le lien ci-dessous et d'entrer votre adresse e-mail. Vous recevrez immédiatement le lien pour télécharger la version PDF du livre afin de pouvoir le lire hors ligne à tout moment.

Et ne vous inquiétez pas, il n'y a pas d'attrape ou de frais cachés, juste un bon vieux cadeau de notre part ici à Student Press Books.

Visitez ce lien dès maintenant et inscrivez-vous pour recevoir votre exemplaire gratuit de l'un de nos livres !

Lien : https://campsite.bio/studentpressbooks

Livres

Nos livres sont disponibles chez tous les principaux détaillants de livres en ligne. Découvrez les packs numériques (bundle) de nos livres ici : https://payhip.com/studentPressBooksFR

La série de livres sur l'Histoire des Noirs.

Bienvenue dans la série de livres sur l'Histoire des Noirs. Découvrez des personnalités Noires exemplaires grâce à ces biographies inspirantes de pionniers d'Amérique, d'Afrique et d'Europe. Nous savons tous que l'Histoire des Noirs est importante, mais il peut être difficile de trouver de bonnes ressources.

Beaucoup d'entre nous connaissent personnages principaux de la culture populaire et des livres d'Histoire, mais nos livres présentent également des héros et héroïnes Noirs moins connus du monde entier, mais dont les histoires méritent d'être racontées. Ces livres de biographies vous aideront à mieux comprendre comment les souffrances et les actions de ces personnes ont façonné leurs pays respectifs et leurs communautés, pour les générations à venir.

Titres disponibles :

1. 21 personnalités noires inspirantes : La vie de personnages historiques du XXe siècle : Martin Luther King Jr., Malcom X, Bob Marley et autres
2. 21 femmes noires exceptionnelles : L'histoire de femmes noires importantes du XXe siècle : Daisy Bates, Maya Angelou et bien d'autres

La série de livres Émancipation des femmes.

Bienvenue dans la série de livres Émancipation des femmes. Découvrez des figures féminines courageuses des temps modernes grâce à ces biographies inspirantes de pionnières du monde entier. L'émancipation des femmes est un sujet important qui mérite plus d'attention qu'il n'en reçoit. Pendant des siècles, on a dit aux femmes que leur place était à la maison, mais cela n'a jamais été vrai pour toutes les femmes, ni même pour la plupart d'entre elles.

Les femmes sont encore sous-représentées dans les livres d'histoire, et celles qui s'y font une place doivent généralement se contenter de quelques pages. Pourtant, l'Histoire regorge de récits de femmes fortes, intelligentes et indépendantes qui ont surmonté des obstacles et changé le cours des choses simplement parce qu'elles voulaient vivre leur propre vie.

Ces livres biographiques vous inspireront tout en vous donnant de précieuses leçons sur la persévérance et le dépassement face à l'adversité ! Apprenez de ces exemples que tout est possible si vous y mettez du vôtre !

Titres disponibles :

1. 21 Femmes d'exception : La vie de combattantes pour la liberté qui ont repoussé les frontières : Angela Davis, Marie Curie, Jane Goodall et bien d'autres
2. 21 femmes inspirantes : la vie de femmes courageuses et influentes du XXe siècle : Kamala Harris, Mère Teresa et bien d'autres
3. 21 femmes extraordinaires : Les vies exemplaires des femmes artistes et créatrices du XXe siècle : Madonna, Yayoi Kusama et bien d'autres
4. 21 femmes de génie : Les vies déterminantes de femmes scientifiques pionnières au XXe siècle

La série de livres Les dirigeants du monde.

Bienvenue dans la série de livres sur les dirigeants du monde. Découvrez des personnages royaux et présidentiels, emblématiques du Royaume-Uni, des États-Unis et d'autres pays. Grâce à ces biographies inspirantes de membres de la famille royale, de présidents et de chefs d'État, vous apprendrez à connaître les personnes courageuses qui ont osé prendre le pouvoir, avec notamment leurs citations, leurs photos et des faits rares.

Les gens sont fascinés par l'histoire et la politique et par ceux qui les ont écrites. Ces livres offrent des perspectives nouvelles sur la vie de personnalités remarquables. Cette série est parfaite pour tous ceux qui veulent en savoir plus sur les grands dirigeants de notre monde ; les jeunes lecteurs ambitieux et les adultes qui aiment se documenter sur des personnages importants.

Titres disponibles :

1. Les 11 familles royales britanniques : La biographie de la famille de la Maison Windsor : La Reine Elizabeth II et le Prince Philip, Harry et Meghan et bien d'autres
2. Les 46 présidents des États-Unis : Leur histoire, leur réussite et leur héritage : de George Washington à Joe Biden
3. Les 46 présidents des États-Unis : Leur histoire, leur réussite et leur héritage — Édition augmentée : de George Washington à Joe Biden

La série de livres Une mythologie passionnante.

Bienvenue dans la série de livres Une mythologie passionnante. Découvrez les dieux et déesses d'Égypte et de Grèce, les divinités nordiques et d'autres créatures mythologiques.

Qui sont ces anciens dieux et déesses ? Que savons-nous d'eux ? Qui étaient-ils vraiment ? Pourquoi les gens les vénéraient-ils dans les temps anciens, et d'où venaient-ils ?

Ces livres offrent des perspectives nouvelles sur les dieux anciens, qui inviteront les lecteurs à réfléchir à leur place dans la société et à s'intéresser plus encore à l'Histoire. Ces livres sur la mythologie abordent également des sujets qui l'ont influencée, tels que la religion, la littérature et l'art, dans un format attrayant avec des photos ou des illustrations accrocheuses.

Titres disponibles :

1. L'Égypte ancienne : Un guide des mystérieux dieux et déesses de l'Égypte ancienne : Amon-Râ, Osiris, Anubis, Horus et bien d'autres
2. La Grèce antique : Un guide des dieux, déesses, divinités, titans et héros de la Grèce classique : Zeus, Poséidon, Apollon et plus encore

3. Anciens contes nordiques : Découvrez les dieux, déesses et géants de la mythologie des Vikings : Odin, Loki, Thor, Freya et plus encore

La série de livres Les grandes théories expliquées.

Bienvenue dans la série de livres **Les grandes théories expliquées**. Découvrez la philosophie, les idées des anciens philosophes et d'autres théories intéressantes. Ces livres réunissent les biographies et les idées des philosophes les plus célèbres de régions telles que la Grèce et la Chine antiques.

La philosophie est un sujet complexe, et de nombreuses personnes ont du mal à en comprendre ne serait ce que les bases. Ces livres sont conçus pour vous aider à en savoir plus sur la philosophie, ils sont uniques en raison de leur approche simple. Il n'a jamais été aussi facile et amusant d'acquérir une meilleure compréhension de la philosophie qu'avec ces livres. En outre, chaque livre comprend des questions afin que vous puissiez approfondir vos propres pensées et opinions !

Titres disponibles :

1. Philosophie grecque : La vie et les idées des philosophes de la Grèce antique : Socrate, Platon, Pythagore et bien d'autres
2. Éthique et morale : Philosophie morale, bioéthique, défis médicaux et autres idées éthiques

La série de livres Inspiration des futurs entrepreneurs.

Bienvenue dans la série de livres **Inspiration des futurs entrepreneurs**. Il n'est jamais trop tôt pour que les jeunes ambitieux commencent leur carrière ! Que vous ayez l'esprit d'entreprise et que vous cherchiez à bâtir votre propre empire, ou que vous soyez un entrepreneur en herbe qui commence à emprunter une route longue et ardue, ces livres vous inspireront grâce aux histoires d'hommes d'affaires qui ont réussi.

Découvrez leurs vies, leurs échecs et leurs réussites qui vous donneront envie de prendre le contrôle de votre existence au lieu de simplement la regarder passer !

Titres disponibles :

1. 21 entrepreneurs à succès : La vie des grands fondateurs du XXe siècle : Elon Musk, Steve Jobs et bien d'autres
2. 21 entrepreneurs révolutionnaires : Les vies incroyables des hommes d'affaires du XIXe siècle : Henry Ford, Thomas Edison et bien d'autres

La série de livres L'Histoire facile.

Bienvenue dans la série de livres L'Histoire facile. Explorez divers sujets historiques, de l'âge de pierre jusqu'à l'époque moderne, ainsi que les idées et les personnages marquants qui ont traversé les âges.

Ces livres sont un excellent moyen d'éveiller votre intérêt pour l'histoire. Les manuels scolaires, secs et ennuyeux, rebutent souvent les lecteurs, car ils aiment les histoires de gens ordinaires qui ont changé le monde. Ces livres vous donnent l'opportunité de les découvrir tout en vous fournissant les informations historiques importantes.

Titres disponibles :

1. La Première Guerre mondiale : La Première Guerre mondiale, ses grandes batailles, les personnages et les forces en présence
2. La Deuxième Guerre mondiale : L'Histoire de la Seconde Guerre mondiale, Hitler, Mussolini, Churchill et autres personnages clés
3. L'Holocauste : Les Nazis, la montée de l'antisémitisme, la Nuit de Cristal et les camps de concentration d'Auschwitz et de Bergen-Belsen.
4. La Révolution française : L'Ancien Régime, Napoléon Bonaparte, la Révolution française, les guerres napoléoniennes et de Vendée

Nos livres sont disponibles chez tous les principaux détaillants de livres en ligne. Découvrez les packs numériques (bundle) de nos livres ici : https://payhip.com/studentPressBooksFR

Conclusion

Merci de votre lecture ! Nous espérons que vous avez apprécié cette collection de 21 incroyables femmes de science.

Ces 21 femmes de génie sont des scientifiques remarquables qui ont surmonté de nombreux obstacles avec détermination et résilience pour faire faire d'énormes progrès, malgré toutes les difficultés.

Laissez ces vies incroyables parler dans votre cœur et partagez leurs histoires avec d'autres !

J'espère que ce livre vous a appris beaucoup de choses, mais si ce n'est pas le cas, relisez-le, car il y a toujours plus à apprendre sur la vie de ces femmes formidables.

Avez-vous aimé cette lecture éducative ? Qu'en avez-vous pensé ? Faites-le-nous savoir avec un beau commentaire sur ce livre !

Nous en serions ravis, alors n'oubliez pas d'en laisser un !

www.ingramcontent.com/pod-product-compliance
Ingram Content Group UK Ltd.
Pitfield, Milton Keynes, MK11 3LW, UK
UKHW022012190726
13853UKWH00004B/1899

9 789493 258051